AF261760

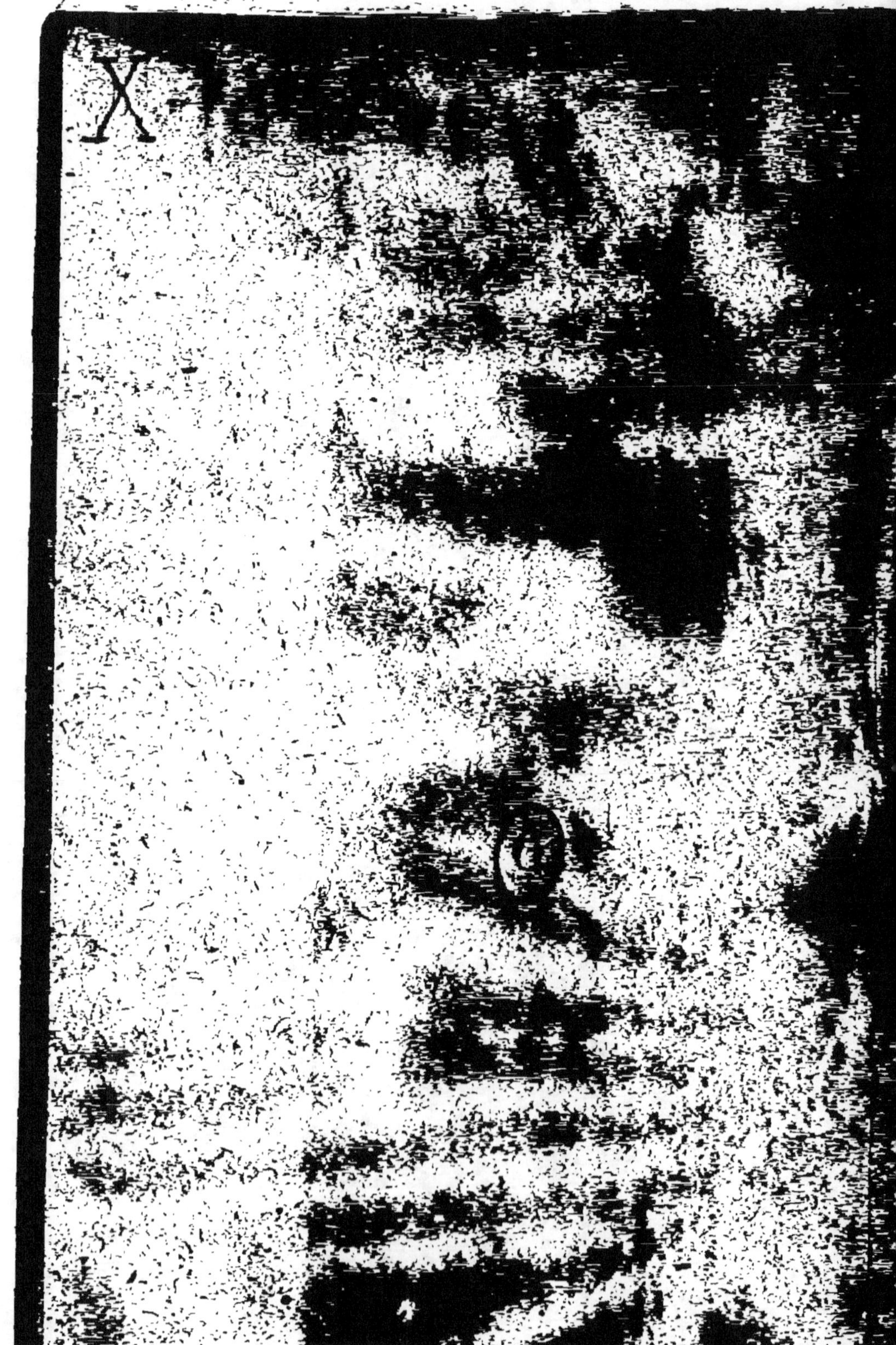

Librairie des Enfants.

PREMIÈRE LECTURE.

AUX ENFANTS.

Parmi les enfants, les plus gentils sont ceux qui apprennent le mieux.

Leurs instituteurs ou leurs institutrices les soignent, leurs papas et leurs mamans en sont fiers, et tout le monde les caresse ou les voit avec plaisir.

Travailler à apprendre est une bien belle chose.

Heureux l'enfant qui sait comprendre que c'est dans son intérêt qu'on le fait étudier.

C'est pour qu'il soit heureux, lors-

AUX ENFANTS.

Parmi les enfants, les plus gentils sont ceux qui apprennent le mieux.

Leurs instituteurs ou leurs institutrices les soignent, leurs papas et leurs mamans en sont fiers, et tout le monde les caresse ou les voit avec plaisir.

Travailler à apprendre est une bien belle chose.

Heureux l'enfant qui sait comprendre que c'est dans son intérêt qu'on le fait étudier.

C'est pour qu'il soit heureux, lorsqu'il sera grand, que ses parents se privent, 'lorsqu'ils ne sont pas riches, en dépensant leur argent pour l'envoyer à l'école.

On fait si peu de cas des ignorants! tandis que ceux qui savent sont bien reçus partout, sont toujours entourés de préférences, sont toujours bien fêtés.

Et puis l'ignorant, quel plaisir peut-il avoir? Non seulement on ne fait nulle attention à lui, mais comme il ne sait rien, qu'il ne peut rien par lui-même, il est dépendant de tous ceux qui savent.

Ainsi, mes chers enfants, il faut bien étudier, bien travailler, bien vous appliquer et mériter alors toutes les distinctions que l'on accorde à ceux qui font bien.

N'êtes-vous pas vous-mêmes plus contents lorsque vous vous êtes bien conduits; lorsque, obéissants, vous ne vous êtes pas écartés de ce qui vous était prescrit? N'êtes-vous pas satisfaits de vous-mêmes et bien heureux? Tandis que lorsque vous avez été paresseux, désobéissants ou méchants, la crainte s'empare de votre cœur, vous redoutez jusqu'à la moindre chose, vous êtes en proie à une agitation pénible qui vous fait appréhender jusqu'à la présence de vos père et mère, craignant qu'elle n'amène quelque punition.

Pensez-y, mes enfants, rappelez-vous ces jours de douce satisfaction lorsque vous avez bien fait; comparez-les avec ceux où vous vous êtes exposés à des reproches, à des corrections ; mettez d'un côté de la balance votre embarras, votre crainte, les punitions plus ou moins sévères qui tombent sur vous, et de l'autre côté de la balance mettez cette assurance de vous-même, lorsque vous avez bien rempli votre devoir, ce plaisir intérieur que vous en ressentez ; les louanges, les caresses, les cadeaux même que vous attire une bonne conduite, et vous conviendrez qu'il y a tout à gagner à bien faire, et rien à gagner à mal faire.

Dès ce moment, vous ferez bien, parce que vous voudrez être gentils pendant que vous êtes jeunes, et éviter d'être plus tard des ignorants, des rustres que l'on fuit avec soin et qu'on méprise.

LA POLITESSE.

— Bonjour maman, bonjour papa, et toute la compagnie.

— As-tu été bien sage, Marie ?

— Oui, maman, à preuve que j'apporte trois bons points.

— C'est bien, ma chère petite fille ; et maman et papa pressent Marie, qu'ils embrassent contre leur cœur.

— Eh ! bien, est-ce ainsi que l'on se présente ? dit son papa à Elysée qui, lui aussi, rentre de sa pension sur les pas de sa sœur Marie ; tu ne dis rien en arrivant ?

— Pardon, mon papa, j'étais distrait et je l'ai oublié.

— Si le tort de l'avoir oublié n'est point aussi grand, reprend le papa, tu n'en es pas moins impoli, rien ne doit nous dispenser de saluer, en entrant dans un lieu quelconque, les personnes qui s'y trouvent.

— Je t'assure que je n'y ai pas pensé.

— Il faut y penser une autre fois, et toutes lès autres fois encore. L'impolitesse, vois-tu, mon petit Elysée, est toujours blâmable quel qu'en soit le motif.

— Tu n'auras plus ce reproche à m'adresser une autre fois, va.

— A la bonne heure; outre que l'impolitesse, conçois-le bien, mon enfant, est toujours ou d'un brutal, ou d'un orgueilleux, ou d'un homme sans éducation, elle indique encore chez ceux qui la pratiquent un grand défaut d'intelligence, de la stupidité même.

— Tu n'as pas besoin de me le dire davantage, je m'observerai au point que ni toi, ni personne, n'aurez plus à me le rappeler.

— C'est très-bien, reprend le papa, aussi n'en parlons plus.

En effet, dès ce jour-là, Elysée ne s'est plus oublié.

Faites comme lui, mes chers enfants, distinguez-vous par une politesse aisée et continuelle ; outre que vous serez bien accueillis partout ou vous irez, vous vous ferez rechercher encore.

LES ABEILLES.

— Vois donc, maman, cette grosse mouche, disait un jour la petite Berthe à sa mère.

— C'est une abeille, mon enfant.

— Mais regarde comme elle va de fleur en fleur, ajoute la petite fille.

— Elle y vient butiner.

— Que veux-tu dire?

— Elle vient ramasser au fond de chaque fleur de quoi composer son miel.

— Et que ramasse-t-elle, reprend Berthe?

— Tu ne me comprendrais pas si j'employais les termes usités dans la botanique, parce que tu es trop enfant encore ; mais approche-toi. Vois-tu ces petites choses qui sont au milieu des fleurs ?

—Oh ! oui, comme de petits cheveux très-courts et puis comme de la poussière.

— Ces choses-là, continue la maman, renferment un suc qui sert à composer le miel. Regarde comme cette abeille en entoure ses pattes ; elle en prendra tant qu'elle pourra en porter ; puis, sa charge faite, tu la verras se diriger vers la ruche où elle viendra déposer son fardeau. Tu vois, elle part chargée, tandis que celles qui reviennent de la ruche ne portent rien.

— Et comment le fait-on, le miel ?

— Ceci est un secret que les abeilles gardent soigneusement, répond la maman, puisqu'elles vont jusqu'à s'abstenir de travailler dès qu'elles péuvent être vues.

Tout ce que l'on sait là-dessus, c'est que ce butin qu'elles apportent leur sert à composer le miel dans leurs ruches.

— Ce miel si bon, c'est donc les abeilles qui le font? demande Berthe.

— Et la cire aussi , ajoute sa maman. Tu as vu ces gâteaux à cellule, dont les compartiments sont de cire et les cavités remplies de miel, c'est les abeilles qui nous les procurent, en même temps qu'elles en produisent assez pour s'en nourrir pendant l'hiver et les jours de mauvais temps.

— Les gourmandes! voyez-vous, il leur faut du miel? dit Berthe.

— Est-ce que je ne te donne pas des tartines de miel ou de confiture, des gâteaux ou du sucre lorsque tu as bien rempli ton devoir à la pension, comme aussi lorsque tu es bien sage ?

— Oh ! pour cela, oui , répond Berthe.

— N'est-il pas juste aussi que les abeilles, qui remplissent leur devoir et au-delà, puisqu'elles produisent plus qu'elles ne consomment, jouissent du fruit de leur produit?

— C'est vrai, dit la petite fille.

— Malheureusement, il n'en est pas toujours ainsi, mais cela viendra plus tard.

— Comment donc ?

— Tu es trop petite encore pour me comprendre.

LES OISEAUX.

Les oiseaux font des œufs comme les poules; pour les couver, les œufs, il faut les placer quelque part, alors ils ramassent des morceaux d'herbe sèche, des poils, de la bourre qu'ils trouvent dans la campagne, comme ils ramassent aussi les petits flocons de laine que les moutons et les brebis laissent accrochés aux épines des buissons où ils viennent paître; à défaut de ces objets, ils ramassent des matières cotonneuses provenant de la floraison de certains arbres et de certaines plantes.

De ces diverses matières, ils forment cette petite conque foulée, tressée et rembourrée qu'on nomme nid, dans lequel ils pondent leurs œufs ; puis, ils se placent dessus, étendant leurs aîles, afin de les bien couvrir.

Cela se nomme couver ; puis, après un certain nombre de jours pendant lesquels les oiseaux sont restés constamment à couver les œufs, il sort un oiseau de chaque œuf.

Puis, les grands oiseaux vont chercher des mouches et des vermissaux qu'ils apportent aux petits ; puis, les petits grandissent, leurs aîles se forment, et dès qu'ils sont assez grands et qu'ils ont acquis assez de force dans leurs aîles pour pouvoir voler, ils quittent leurs nids pour n'y plus rentrer et pour vivre avec les autres oiseaux.

LES PAPILLONS.

— Vois donc, ma petite maman, ce joli papillon ? comme il vole, comme il est gentil ! mais vois donc comme il est gentil !

— Oh ! les belles couleurs !

— Qui l'a fait ?

— Le bon Dieu.

— Tu dis toutes les fois le bon Dieu.

— Mais, oui, mon enfant, n'est-ce

pas lui qui est le créateur de toutes choses?

— Je le sais, tu me le dis toujours et je te crois.

— Alors, pourquoi me demandes-tu qui l'a fait?

— Parce que l'autre jour, tout en me disant, comme d'ordinaire, que c'était le bon Dieu qui créait les petits oiseaux, tu m'expliquas comment ils sortaient d'un œuf.

— Et tu voudrais qu'aujourd'hui?..

— Je voudrais savoir si les papillons aussi sortent d'un œuf.

— Non, mon petit chéri, ils sortent d'un cocon.

— Qu'est-ce que c'est qu'un cocon?

— C'est une enveloppe de fils collés ensemble, dans laquelle le ver ou la chenille se renferment, comme dans une boîte impénétrable à l'air.

Cette boîte varie de forme et de grandeur selon les espèces et les genres de chenilles ou de vers qui s'y renferment.

Ainsi, celle du ver à soie, par exemple, est presque aussi grosse qu'un œuf de pigeon et elle en a la forme.

— Tiens, je me le rappelle maintenant, j'ai vu des cocons, le petit Alphonse en avait.

— Le petit Alphonse? il est aussi grand que toi.

— O, que nenni, je suis plus grand et je le gagne.

— Peu importe, voyons; tu veux

savoir comment viennent les papillons ?
je vais te le dire.

— Et moi, je t'écoute de mes deux
oreilles grandement ouvertes ; comme
dit mon grand-papa-parrain.

— Ce papillon, que tu vois si gentil,
folâtrant insoucieux, se reposant sur
toutes les fleurs les unes après les autres, produira des petites graines, ou
pour mieux dire, des petits œufs, mais
petits, si petits qu'il en faudrait réunir
trois ou quatre pour faire la grosseur
d'un grain de millet.

—Petits comme une graine de na-
vet ou de colza.

— A peu de chose près. De cet œuf
il sortira une chenille, toute petite
d'abord, presque imperceptible, puis
elle grandira, puis cette chenille s'en-

veloppera d'un tissu formant un cocon, dans lequel elle restera quelque temps dans l'état de chrysalide ; ensuite elle percera le cocon pour se pavaner radieuse et parée comme tu l'as vue dans le papillon que tu m'as montré tout-à-l'heure.

— Je crois bien que c'est le bon Dieu qui fait toutes ces choses-là, mais tu penses aussi qu'il faut qu'on m'explique comment il les fait pour que je puisse le comprendre.

COMMENT SE FAIT LE PAIN.

Vous êtes bien éloignés, mes chers enfants, de penser combien il faut de travaux, de soins et d'attention pour produire le pain qui figure sur votre table.

Ecoutez-moi, et vous comprendrez les sueurs qu'il a provoquées, les fatigues qu'il a accumulées, les craintes qu'il a fait naître.

D'abord, pour faire du pain, il faut du blé ; ce blé, il faut le faire naître, le cultiver, le produire enfin.

1**

C'est ce que nous allons vous expliquer :

On commence par labourer la terre sur laquelle on veut le semer ; labourer, c'est, au moyen de bœufs ou de chevaux attelés à une charrue, creuser à côté les uns des autres, et très-rapprochés encore, des sillons que l'on croise en tout sens afin de rendre la terre bien meuble.

Cette opération faite et refaite deux ou trois fois, on fume la terre, c'est-à-dire qu'on répand sur tout le sol du fumier, puis on laboure encore pour mélanger ce fumier avec la terre.

Ensuite, on répand le grain, également partout le champ, que l'on recouvre de terre en sillonnant aussi, mais cette fois très-superficiellement pour ne pas trop enterrer le grain, qui pourrirait dans la terre, s'il était par trop recouvert, faute de pouvoir percer ; cela occasionnerait, outre la perte de tout le travail déjà fait, celle de la semence ou du blé semé.

Le blé commence à poindre sur la terre, puis se montre bientôt à l'état d'herbe.

Arrivé au mois de mai, il serait dévoré par les mauvaises plantes qu'on nomme plantes parasites ; celles qui viennent naturellement dans le champ, lesquelles ne sont d'aucune utilité à l'homme ; le blé serait donc dévoré, disons-nous, par les mauvaises herbes qui prennent une croissance si rapide qu'elles étoufferaient le blé sous elles, si on ne les enlevait point. Aussi, l'on vient dans le champ les arracher les unes après les autres.

Cette opération s'appelle sarcler.

L'herbe à blé pousse, l'épi se forme, le chalumeau s'allonge et grossit avec l'épi, le blé mûrit.

Il faut le récolter.

Alors, des hommes, qu'on appelle moissonneurs, viennent avec une grande faucille et coupent le blé, aussi près que possible du sol, afin de conserver le plus de paille qu'il se peut.

Puis, on attache ces épis par brassées et l'on forme ainsi des gerbes.

Dans certains pays, on porte ces gerbes à l'aire pour les dépiquer immédiatement; dans d'autres, on les entasse, soit dans les champs, soit dans les granges, et l'on ne les dépique que pendant l'hiver, quand il fait bien froid, bien froid, qu'il pleut ou qu'il tombe de la neige, lorsqu'on ne peut pas travailler dehors.

L'aire est un sol très-dur, comme le sol d'une place publique, sur lequel on étend les gerbes, puis l'on fait courir des chevaux dessus, et ces chevaux passant sur les épis, les foulent et en font sortir le grain.

Dans d'autres pays on fait traîner sur les gerbes par des chevaux des tronçons de bois arrondis énormes, et ces tronçons pressurant l'épi en font, comme les chevaux, détacher le grain.

Dans les pays où l'on dépique le blé en hiver, on fait ce travail dans les granges; alors ce travail s'exécute sans le secours des chevaux, ni des blocs de bois.

Des hommes, que l'on appèle *bat-teurs en grange*, frappent sur les gerbes avec un fléau et en font échapper le grain.

Voilà, mes bons petits enfants, comme se produit le blé qui sert à faire le pain que vous mangez.

Je vais vous expliquer, maintenant, comment se fait la farine, et puis le pain, puisque le pain se fait avec de la farine.

On nomme moulin le lieu où l'on écrase le blé pour le réduire en poussière ou en farine.

Là, il y a deux grands blocs de pierre taillés, qu'on nomme meule. Ces blocs, de forme ronde, sont applatis et supperposés l'un sur l'autre; l'un des deux est fixé et reste immobile, tandis que l'autre, mu par la force du vent, de l'eau ou de la vapeur, tourne et écrase ainsi le grain qui, versé dans une trémie placée au-dessus des meules, distribue le grain qu'elles peuvent écraser ; opération que l'on appelle : *moudre*.

Le résidu du blé ainsi trituré s'appèle farine ; la farine s'échappant d'entre les deux meules, lorsque le grain est réduit en poussière, vient tomber dans le sac prêt à la recevoir.

A la farine se trouvent mélangés le son et le petit son.

Pour en faire la séparation on les passe dans un bluttoir et l'on obtient ainsi le tri que l'on désire; c'est-à-dire la séparation de la farine, du son et du petit son.

Dans les villes, les seuls boulaugers pétrissent cette farine et la transforment en pain : dans les campagnes, ce sont les femmes des paysans qui, chacune, pétrit le pain nécessaire à l'alimentation de son ménage.

Voici comment on procède : dès la veille, on prend un morceau de pâte aigre ou pétrie depuis plusieurs jours qu'on nomme levain ; on dissout ce levain dans de l'eau chaude, puis on prend de la farine que l'on pétrit avec cette dissolution du levain et l'on forme une pâte que l'on rend passablement dure, puis on l'enveloppe de farine et de linges afin que la chaleur aide à sa fermentation pendant la nuit.

Le lendemain, on fait avec ce nou-veau levain comme on a fait la veille avec l'autre ; on le délaie et l'on ajoute de la farine. C'est ainsi que l'on allonge ou augmente la pâte jusqu'à la quan-tité nécessaire pour produire le nombre de pains qu'on désire.

Alors, on la partage, cette pâte, en autant de portions qu'on veut faire de pains.

Cette opération terminée, on laisse encore fermenter pendant deux ou trois heures, selon le dégré d'activité de sa fermentation ; pendant ce temps, on chauffe le four qui doit cuire la pâte.

La fermentation opérée et le four chaud convenablement, on enfourne les morceaux de pâte qui, dans le four, se développent ou grossissent par l'effet de la chaleur ; puis, cette pâte prend une croute, puis cette croute s'épaissit, puis le pain est cuit ; alors on le retire du four dans l'état où vous le mangez, mes bons enfants, sauf qu'il est brûlant et que vous le mangez refroidi.

LE VIN.

—◦◦◦—

Il en est beaucoup, parmi vous,
mes chers petits amis, à qui nous n'ap-
prendrons rien de nouveau en leur ex-
pliquant comment on fait le vin.

Tous ceux qui habitent les pays vi-
gnicoles le savent; mais comme la
France est bien grande, et que, par
conséquent, si, ceux d'entre vous
d'une contrée, ont pu voir faire le vin,
ceux des autres contrées ignorent comment il se fait ; de même les uns savent
et les autres ignorent comment se fait

le sel, le fer, l'huile, les livres, le tabac, etc.

C'est par cette considération que nous allons vous parler de toutes ces choses-là.

Commençons par le vin.

Dès la fin de l'hiver on taille la vigne qui doit produire le raisin pour faire le vin.

La vigne est une pièce de terre plantée de ceps de vigne, ou de plantes de vigne ; tailler la vigne est la première opération qu'elle subit ; tailler la vigne c'est couper tous les sarments ou branches de cette vigne inutiles ou de trop ; on les taille afin de coordonner les nouvelles pousses avec la force du cep par l'enlèvement d'une multitude de bourgeons qui poussant tous ensemble l'affaibliraient au point de la ruiner bientôt, en même temps qu'elle ne produirait qu'un très-mauvais vin ; le trop de raisins les empêchant de mûrir.

Puis, la vigne est bêchée ou labourée dans les terrains plats, afin de donner aux racines l'air qui leur est nécessaire et de rapprocher d'elles les sels répandus sur la surface de la terre ou du sol.

Le bourgeon pousse, la grappe se forme, fleurit, comme toutes les plantes et arbres, le raisin se montre, grandit et puis il mûrit ; pendant sa croissance on travaille plusieurs fois encore la terre, puis, dans les pays moins chauds, où le cep de vigne ne prend qu'une proportion chétive, on lui donne un tuteur, que l'on nomme échalas. C'est un bâton de quatre à cinq pieds de long que l'on plante à côté du cep ; sur ce bâton on ramène les sarments ou branches du cep, on les y attache afin que le cep ne ploie pas sous le poids du feuillage et des raisins, lesquels pourriraient s'ils reposaient sur terre.

Dans les pays moins chauds encore, vers le mois de septembre, on enlève au cep une partie de ses feuilles, afin que le raisin, plus exposé au soleil, mûrisse mieux ou plus facilement.

Dès qu'il a acquis sa maturité, en septembre ou octobre et même novembre, selon les climats, on cueille le raisin que l'on porte dans les caves : là, on le foule, c'est-à-dire on l'écrase sous les pieds ; puis, une fois écrasé, on le place dans une cuve.

Là, il fermente, le suc ou le *vin* se sépare du marc, c'est-à dire de la peau, de la partie charnue du raisin et du pépin ; ce suc reste au fond de la cuve, tandis que l'autre partie, le marc, surnage sur le vin.

Dans cet état de fermentation, les gaz qui se détachent de la cuve sont mortels à ceux qui les respirent quelques secondes seulement.

Après quelques jours de fermentation, on soutire la liqueur, ou vin, qui git au fond de la cuve. C'est-à-dire la partie liquide du raisin.

Reste la partie charnue, les pépins et les peaux ou partie solide que l'on nomme *marc* ; on la retire de la cuve et on la pressure sur un pressoir d'une forte puissance, elle rend la partie liquide qu'elle a conservée encore, et qui n'est autre chose que du vin, mais d'une qualité inférieure à celle de celui retiré sans pression.

Presque desséché, le marc conserve encore quelque peu de vin ou d'esprit, qu'il rend à l'état d'eau-de-vie, lorsqu'on le passe par l'alambic. Cette eau-de-vie, il est vrai, est de mauvais goût, très-désagréable à boire, mais elle entre dans mille compositions diverses.

Ou bien le marc, en y mélangeant de l'eau, sert à faire de la piquette.

Le marc, ainsi dépouillé de toute liqueur, sert encore à engraisser ou fumer la terre.

L'HUILE.

Peu de départements, en France, produisent l'olivier ; peu de départements aussi produisent le lin, le colza et les autres graines oléagineuses ou à huile, et si tous produisent des noix, très-peu encore en donnent assez abondamment pour en faire de l'huile.

L'olivier est un arbre d'une taille ordinaire ; moins développé que le chêne, le noyer, l'ormeau, le platane, etc., il l'est, cependant, plus que le pommier, le poirier, etc.

Son fruit, que l'on nomme olive, est de forme arrondie et longue, se terminant en pointe par l'un des bouts. D'ailleurs, mes enfants, on donne ce nom à des boutons dont la forme vous fera comprendre celle de l'olive.

La noix, vous connaissez tous sa forme ; elle vient sur un arbre des plus grands de notre climat.

Le lin, le colza, sont des graines de plantes.

Pour faire l'huile on écrase l'olive, comme on écrase la noix, comme on écrase les graines jusqu'au point de les réduire en pâte. Cette pâte est mise dans des espèces de cabas, de forme plate, consus de tous les côtés, lesquels n'ont qu'une ouverture sur l'une des parties les plus larges ou plates, pour servir à l'introduction de la pâte.

Ces cabas sont faits avec du crin ou avec des cordes de sparte.

La pâte est introduite dans les cabas avec la main qu'on passe dedans, on la répend également ; puis, on enserre ces cabas les uns sur les autres ; ainsi pleins on les place sous une machine à pression ; on pressure jusqu'à un certain point, puis l'on relève le tour de pression, en faisant remonter la vis, et l'on arrose fortement d'eau bouillante ces cabas empilés. On represse ensuite, l'eau bouillante entraîne l'huile avec elle jusques dans un réservoir ; duquel un trou, pratiqué de bas en haut, laisse échapper l'eau plus pesante que l'huile, tandis que l'huile reste sur l'eau au haut de ce réservoir.

Cette opération du pressurage et du baignage de la pâte avec de l'eau bouillante se répète plusieurs fois jusqu'à ce qu'il ne reste plus d'huile à extraire des détritus soit des olives, soit des noix ou des graines.

La France tire encore principalement de l'Egypte une graine nommée sézame, comme elle tire aussi un fruit de l'Amérique et d'autres lieux, nommé aracchide, espèce de noisette à forme allongée.

Cette graine et ce fruit renferment beaucoup d'huile d'une qualité préférable à bien d'autres.

On tire encore de l'huile de la graine de coton et de plusieurs autres.

LE SEL.

—◦◦—

Le sel est une matière qui arrive dans nos cuisines produite de deux façons différentes.

La première se fait par la nature qui l'a formé elle seule, sans le secours de l'homme, lequel, pour se le procurer, n'a d'autres soins à prendre que de l'extraire des mines où il gît.

La seconde est due, sauf la matière première, indispensable à sa formation qui est l'œuvre de la création, la seconde est due à l'industrie humaine.

Pour avoir du sel, à cette dernière condition, il faut d'abord être à une grande proximité de la mer.

On crée une saline : c'est un carré, en général long, néanmoins peu importe la forme, que l'on creuse à une certaine profondeur au-dessous du niveau de la mer.

On ouvre un passage à l'eau de la mer qui vient se deverser et remplir le creux pratiqué ; une fois plein, l'on barre le canal de conduite. Le soleil dessèche insensiblement l'eau ainsi séparée ; une fois réduite à un certain point on introduit de l'eau douce pour précipiter le sel. Ces opérations répétées l'on laisse dessécher entièrement ou évaporer toute l'eau, et le sel se montre au fond de la fosse où il forme une couche très-épaisse.

Cette opération se fait aussi par l'ébulition, on précipite le sel que contient l'eau salée de la mer en la faisant bouillir jusqu'à une évaporation complète qui laisse le sel au fond du vase dans lequel on a opéré.

Sorti des salines, le sel proprement dit, forme trois qualités : la première, la plus blanche, que l'on appelle sel de table ; la deuxième, celle qui sert le plus communément ; et la troisième ou sel gris, qui est la dernière couche extraite, et qui prend cette couleur grise du mélange de terre qui la suit.

Une fois relevé des salines, le sel est amoncelé en tas et forme des pyramides qui gisent sur le sol à la belle étoile, en attendant que l'acheteur l'enlève.

LES LIVRES.

Vous commencez à savoir lire, mes petits chéris, et, peut-être parmi vous, il n'en est aucun qui sache comment se fait un livre.

Lisez-nous avec attention, nous allons vous l'apprendre, du moins autant qu'il sera donné à votre âge de nous saisir et à notre intelligence de nous faire comprendre.

D'abord l'auteur, une personne qui s'occupe à écrire, cherche dans sa tête, échauffe son imagination, et trace sur le papier le composé du livre ou ce qu'il va contenir.

Son manuscrit est livré à l'imprimerie.

Des personnes que l'on désigne sous le nom de *compositeurs*, assemblent les lettres, ils les alignent les unes à côté des autres, ainsi que vous le voyez dans tous les livres, et forment avec elles les mots.

Chaque lettre est gravée en saillie sur des morceaux de plomb, ou du moins d'un composé de plusieurs matières qui ressemble à du plomb. Ces morceaux sont carrés et tous de la même longueur. Ainsi assemblés, ils forment une masse, pareille à une brique plus ou moins grande, selon le format que l'on veut donner au volume.

On appèle *format* la grandeur de la page.

Cette masse de caractères réunis se trouve platte au-dessous et présente sur sa surface les lettres en relief; toutes ont la même hauteur, au point de ne pas se dépasser les unes, les autres de la plus légère épaisseur.

Les lettres assemblées, on distribue par pages les paquets qu'elles ont produits.

On les met ensuite dans un chassis, ou entourage de fer, que l'on nomme *garniture*. Là, chaque paquet ou page de lettres (on nomme les lettres *caractères*) est contenu par des coins qui le serrent au point de ne pas laisser échapper une seule lettre.

Les pages ainsi disposées, on étend la planche, que l'on nomme *forme*, sur une presse, le côté des lettres en haut ; on passe sur ces lettres un rouleau enduit d'encre, puis on place dessus une feuille de papier, puis on serre le tout au moyen de la pression que donne cette presse et l'on obtient ainsi l'impression des livres.

Sorties de l'imprimerie, les feuilles de papier sont ployées par des dames, on les désigne sous le nom de *plieuses*, puis cousues ensemble par elles, et puis recouvertes d'une couverture en papier ou en carton.

Recouvertes en papier, cela se nomme *brocher*, et l'homme qui les recouvre, *brocheur*.

Recouvertes en carton avec du papier collé par-dessus, comme vos livres de prix, se nomme *cartonner*, le carton recouvert en peau se nomme *relié*, et l'homme qui fait cet ouvrage *relieur*.

LA CHAUX ET LE PLATRE.

Nous avons parlé de beaucoup de choses et nous n'avons pas dit un mot de la chaux qui sert à faire le mortier qu'on emploie dans les bâtisses : néanmoins nous croyons devoir mettre sa fabrication sous vos yeux, mes enfants, qui voyez bâtir chaque jour.

Voici les transformations que subit la pierre calcaire pour atteindre l'état de mortier.

On fait d'abord un énorme fourneau, puis on le remplit d'une quantité de

charbon et de pierres propres à se calciner, que l'on mélange ensemble, puis
on allume le charbon, lequel brûle
entre les pierres et les réduit, après
deux ou trois jours, à l'état de chaux.

Lorsqu'on emploi du bois pour cuire
la pierre et la calciner, on remplit le
haut du fourneau de pierre, laissant
au-dessous, au moyen d'une voûte que
l'on pratique avec cette même pierre calcaire qui doit se transformer en chaux,
l'espace nécessaire à établir un grand
foyer qu'on alimente pendant trois ou
quatre jours, après lesquels la calcina-
tion est opérée, moyennant la continuité
de ce foyer incondescent, et la pierre
se trouve réduite à l'état de chaux.
Vous la voyez telle aux alentours des
nouvelles constructions, lorsqu'on la

transforme en mortier sans l'avoir préalablement éteinte ; d'autres fois, vous la voyez réduite à l'état de pâte lorsqu'on l'a éteinte d'abord.

Éteindre la chaux, c'est jeter de l'eau dessus, remuer avec une longue barre, afin que la chaux se dissolve également, et éviter par là les caillots qu'elle produirait sans cette précaution.

Vous avez tous vu mélanger la chaux et le sable pour faire le mortier, d'autres fois y ajouter de la terre jaunâtre ou bistre qu'on nomme *pouzolane*, d'autres fois y ajouter de la brique pilée.

Ce mortier est ainsi préparé pour être employé dans les fondations des maisons ou dans les travaux sous eau.

Si la chaux est le produit d'une qualité de pierre que l'on désigne sous le nom de pierre *calcaire* ; le plâtre est aussi le produit d'une matière qui tient entre la pierre et la terre : elle n'est ni dure, ni compacte comme la pierre, mais beaucoup moins meuble que la terre, elle est plus tenante qu'elle et plus difficile à diviser.

Comme la chaux, cette matière, pour arriver à l'état de plâtre, tel que vous le voyez employer doit être cuite et recuite à un feu très-violent.

On trouve plusieurs qualités de plâtre : le plâtre roux, le plâtre gris, que l'on emploi dans l'intérieur des bâtisses, et le plâtre blanc qui sert à recouvrir les autres.

LA PIERRE.

Vous savez, mes chers enfants, comment se font la chaux et le mortier qui servent à bâtir les maisons ; vous voyez la pierre qu'on y emploi et beaucoup d'entre vous, ceux qui habitez les villes, ignorez comment on se la procure?

Dans bien des localités elle est chariée par les torrents, là on va la ramasser sur les bords de leur lit.

Dans d'autres, à hauteur du sol, elle se présente en blocs détachés que la terre recouvre à peine, et là elle ne coûte presque aucun travail pour la recueillir.

Voilà pour la pierre ordinaire ou non taillée. Reste la pierre de taille dont l'extraction est bien autrement coûteuse.

Cette pierre gît sous le sol par blocs plus ou moins immenses ; il faut l'aller chercher. Dans quelques lieux on la trouve à une petite profondeur ; dans d'autres il faut descendre à plus de cent pieds dans le cœur de la terre.

Des hommes, que l'on désigne sous le nom de *carriers*, creusent un espace en forme de grand puits que l'on nomme *carrière* ; on creuse jusqu'à ce qu'on trouve ce grand bloc ou masse de pierre qu'ils doivent exploiter.

On se sert de pics, de coins et d'autres outils de fer pour détacher les blocs de la roche mère ; une fois séparés on les attache à une longue chaîne de fer passée dans une poulie ; cette opération terminée d'autres hommes qui restent en haut du puits ou de la carrière tirent cette chaîne pour faire monter la pierre, au moyen d'un grand tour en bois qu'ils meuvent en marchant dedans.

Une fois sur le sol, la pierre est taillée, par des *tailleurs de pierre*, dans les proportions que réclame son emploi.

Mais cela, vous savez comme on la taille, vous l'avez tous vu faire, aussi je ne vais pas plus loin.

LA BRIQUE, LA TUILE ET L'ARDOISE.

Pour faire la brique ou la tuile on pétrit une terre grasse propre à se durcir au feu.

A l'état de pâte, au moyen de moules on lui donne la forme qu'on veut, soit comme brique, soit comme tuile, on les étend sur un sol ou aire recouvert de sable fin; on les laisse bien sécher, après quoi on les met dans un grand four préparé exprès; on le remplit en empilant ces morceaux à côté les uns des autres et les uns sur les autres;

cette operation terminée, on fait au-dessous, pendant plusieurs jours, un feu incandescent, et ces formes de terre desséchées au soleil deviennent des briques ou des tuiles.

L'ardoise est un minéral, faisant partie de la classe ou famille des schistes, on la trouve dans beaucoup de départements ; elle forme comme des espèces de rochers dont les blocs, une fois détachés, s'effeuillent et donnent l'ardoise.

Comme cette matière est très-molle, on la rabotte quelque fois, lorsqu'elle n'est pas assez plénière ou unie, de même qu'on la scie très-facilement ; vous le voyez par les ardoises dont vous vous servez dans vos institutions ;

toutes ont la forme carrée, obtenue au moyen de la scie ; outre l'ardoise, le crayon, avec lequel vous écrivez dessus, vous donne aussi la preuve qu'il a été détaché par la scie.

LE FER.

—o◆o—

Vous avez tous entendu parler des mines d'argent, d'or, de plomb, de fer, etc., et vous vous figurez peut-être que ces minéraux se trouvent dans la terre à l'état ou vous les voyez ; détrompez vous, mes chers enfants.

Comme il n'est ici question que du fer, je laisse les autres métaux pour ne vous parler que de cette matière, la plus utile et la plus commune parmi tous les métaux ; de cette matière qui entre pour sa grande part dans la construction des maisons, dont nous nous essayons à vous faire connaître les divers matériaux employés.

Comme la pierre de taille, le fer gît dans la terre, mais il y gît généralement à une assez grande profondeur.

On nomme *mine* le gisement du *minerai*, qui est l'état dans lequel on trouve le fer ou la matière première du fer.

Le minerai ressemble presque au charbon de pierre, avec cette différence qu'il est plus luisant, plus tenant et d'un poids bien supérieur.

Des hommes, auquel on donne le nom de *mineurs*, creusent dans la terre, suivant le filon ou veine du minerai qu'ils détachent par morceaux ; ayant soin, toute fois, de laisser de distance en distance des piliers de ce minerai pour soutenir le dessus de la cavité qu'ils creusent, ou la voûte, et éviter un éboulement qui les enseveliraient vivants.

Dans les mines où l'on descend par des pentes et des escaliers, le minerai est monté par des hommes qui le charrient sur leurs épaules.

Dans les mines où l'on descend par un trou en forme de puits, le minerai est monté par les mêmes procédés dont on se sert pour monter la pierre, ce que nous vous avons expliqué, ou par des machines que font mouvoir des chevaux descendus au fond du puits, dans lequel ils restent constamment.

On remplit alors de minerai, pour le

remonter, de grandes caisses qu'on nomme *bennes*.

Pour faire ou épurer le fer, on place le minerai ave cdu charbon de bois ou du charbon de pierre, selon la qualité de fer que ce minerai doit rendre, dans un fourneau où l'on allume un feu à fondre toutes les matières ; le fer, étant le plus pesant, coule au fond du fourneau, dont l'issue est bouchée par de la terre *réfractaire* où résistant au feu.

La fonte terminée, on enlève ce bouchon, à l'instant du fond de la fournaise il sort comme une rivière de feu, qui vient se jeter dans un trou pratiqué exprès sur la terre.

Aussitôt que cette matière se refroidit un peu, elle cesse d'être liquide ; dans cet état on la nomme *gueuse*, des ouvriers, nommés forgerons, la retirent avec de grandes pinces à l'aide de machines ; ils la posent sur une enclume, et là, ils lui donnent la forme qu'on désire pour la rendre à l'état de barre.

Veut-on la réduire en cerceau on l'applatit, on la passe sous le *la minoir*; c'est-à-dire entre deux cylindres supperposés l'un sur l'autre et tournant en sens inverse, de façon à applatir cette barre de fer rougie selon l'épaisseur qu'on veut lui donner.

Voilà par quelles opérations l'on arrive à faire le fer tel que vous le voyez, chez les marchands, dans les villes ; chez les serruriers ou les maréchaux-ferrants dans les villages.

LE TABAC.

Le tabac que vous voyez fumer ou priser autour de vous est le produit d'une plante qui vient généralement sur l'ancien comme sur le nouveau continent, variant de parfum et de montant selon les climats qui le produisent.

Par combien de préparations le tabac doit-il passer, avant d'atteindre l'état où vous le voyez dans sa consommation?

Nous allons essayer d'esquisser les principales.

Cette plante se reproduit par le semis; on prépare, avec du bon terreau, un carré plus ou moins grand, proportionné à la quantité de pieds de tabac qu'on désire récolter, sur ce carré on sème la graine; la plante perce la terre, pousse, se développe et lorsqu'elle est parvenue à un certain degré, on l'arrache pour la piquer en plein champ à des distances assez grandes pour qu'elle puisse y prendre sa croissance sans être contrariée ou gênée par les autres pieds qui l'entourent.

Parvenue à sa maturité, on le cueille, les feuilles sont livrées au gouvernement, lequel, ayant le monopole des tabacs, ne permet à personne d'en cultiver pour son propre compte.

Les feuilles détachées de la tige sont,

dans qnelques circonstances, classées par qualité.

Dans cet état, on les empile en tas immense dans les manufactures de tabac, pour amener une haute fermentation. Cette fermentation est surveillée et continuée jusques bien près du degré de chaleur qui amène l'inflamation naturelle, c'est-à-dire celle qui suit une trop haute température.

Ce point atteint, on défait les tas; les feuilles sont retirées et roulées les unes en cigarres, les autres rassemblées en quantité sont employées à former de grandes cartouches ou carrotes.

Ces carottes sont coupées au moyen d'un tranchant, les unes si près ou si étroitement que la feuille se trouve di-

visée comme vous la voyez dans le tabac à fumer, désigné sous le nom de
scaferlatti; les autres sont rapées;
opération qui se fait en les passant sur
une rape, quis le réduit en poussière, et
produit le tabac en poudre.

TABLE.

BIBLIOTHEQUE NATIONALE DE FRANCE
3 7531 03268227 1